8oR
16755

AF316170

MINISTÈRE
DE L'INSTRUCTION PUBLIQUE ET DES BEAUX-ARTS

CATALOGUE

DU MATÉRIEL SCIENTIFIQUE

DES

LYCÉES ET COLLÈGES DE GARÇONS

PARIS

IMPRIMERIE NATIONALE

1900

CATALOGUE

DU MATÉRIEL SCIENTIFIQUE

DES

LYCÉES ET COLLÈGES DE GARÇONS

MINISTÈRE

DE L'INSTRUCTION PUBLIQUE ET DES BEAUX-ARTS

CATALOGUE

DU MATÉRIEL SCIENTIFIQUE

DES

LYCÉES ET COLLÈGES DE GARÇONS

PARIS

IMPRIMERIE NATIONALE

1900

NOTICE EXPLICATIVE.

La précédente édition de ce catalogue a été établie en 1889 par une Commission composée de MM. DUPRÉ, *président*, FOUSSEREAU, AMAURY et DYBOWSKI.

L'introduction, dans la science et dans l'enseignement, de divers appareils nouveaux a rendu aujourd'hui indispensables quelques modifications à ce catalogue. Il convenait aussi d'en faire disparaître des instruments anciens et imparfaits qui se trouvent actuellement remplacés par d'autres plus conformes au développement de la physique.

La Commission a pensé qu'il était utile de détailler certains appareils complexes dont les pièces se vendent séparément. Tels sont en particulier les objets qui composent le matériel de projection.

Ce catalogue comprend des instruments de géométrie, mécanique, cosmographie, physique et chimie. Il est formé de deux listes distinctes. L'une, désignée par la lettre A, s'applique aux lycées et aux collèges importants. L'autre, correspondant à la lettre B, convient aux petits collèges dont les ressources sont restreintes.

Dans la première catégorie, il y a encore lieu de distinguer les établissements qui possèdent une classe de mathématiques spéciales, l'enseignement de cette classe exigeant sur beaucoup de points un matériel plus étendu. Une indication particulière (M. S.) à la colonne des observations fait connaître les instruments qui se rapportent exclusivement au cours de mathématiques spéciales.

On a marqué d'un astérique (*) certains appareils d'un grand intérêt au point de vue de la science ou de ses applications, et se rattachant d'une façon plus ou moins directe aux programmes de l'enseignement secondaire. Leur acquisition doit dépendre de l'importance de l'établissement et de l'état de son cabinet de physique en ce qui concerne les instruments de première nécessité.

La Commission n'a pu faire rentrer formellement dans les listes les objets étrangers aux programmes de l'enseignement secondaire. Elle ne prétend cependant pas faire obstacle au désir des professeurs qui sont chargés des conférences de licence dans les lycées, ou qui ont entrepris des recherches scientifiques, quand ils veulent acquérir les instruments nécessaires. Elle exprime seulement le vœu que ces sortes de demandes soient accompagnées d'une note expliquant leur objet et soient autant que possible appuyées par l'Inspection générale.

La Commission s'est renseignée avec le plus grand soin sur le prix des instruments. Toutefois les prix portés sur la liste ne sont pas absolus. L'avis formel de la Commission est qu'au delà de certaines limites il y aurait danger à rechercher l'économie. Quand un constructeur livre à trop bon marché, il compense cette concession par un moindre soin dans la main-d'œuvre, et il livre des instruments qui ont de l'apparence, qui fonctionnent pendant un certain temps, mais qui sont bientôt hors d'usage sans pouvoir être efficacement réparés. On pourrait citer beaucoup de cabinets de physique qui en peu d'années ont complètement disparu pour cette cause. Pour cette raison, la Commission ne serait pas d'avis de faire appel à la concurrence des constructeurs; elle pense qu'il vaut mieux continuer à s'adresser pour la fourniture des instruments aux maisons qui offrent le plus de garanties et à payer les appareils ce qu'ils valent.

Il importe de remarquer que les indications relatives aux quantités nécessaires des divers produits chimiques et au nombre des objets du matériel de chimie se rapportent exclusivement aux exigences des cours et ne comprennent nullement la consommation supplémentaire nécessitée par les manipulations. La liste des objets et des produits dont les manipulations comportent l'acquisition dépend essentiellement du programme qu'elles doivent embrasser dans chaque classe et du nombre des élèves qui y prennent part.

MINISTÈRE

DE

L'INSTRUCTION

PUBLIQUE

ET DES

BEAUX-ARTS.

DIRECTION

DE L'ENSEIGNEMENT

SECONDAIRE.

ENSEIGNEMENT SECONDAIRE.

I. LISTE DES APPAREILS

pour l'enseignement de l'*Arithmétique*, de la *Géométrie*, de la *Cosmographie*, de la *Mécanique*, de la *Physique* et de la *Chimie* dans les lycées et les collèges.

A. Lycées et grands collèges. — B. Petits collèges.

DÉSIGNATION DES OBJETS.	A.	B.	OBSERVATIONS.
	fr. c.	fr. c.	
I. Arithmétique, système métrique, géométrie et dessin géométrique.			
(Division élémentaire et division de grammaire de l'enseignement classique et de l'enseignement moderne.)			
Boulier compteur sur pied..............	12 à 20	12 à 20	
Mètre en bois.....................	1 50	1 50	
Tableau ardoisé représentant le mètre carré divisé en décimètres carrés (grandeur naturelle).......................	16 00	16 00	
Décimètre cube décomposé en centimètres cubes........................	2 00	2 00	
Décimètre cube en fer-blanc.............	8 40	8 40	
Modèle de stère se démontant (en grandeur réelle).......................	20 00	20 00	
Mesures de capacité en étain (série complète).......................	16 00	16 00	
Mesures de capacité en fer-blanc pour le lait.........................	3 00	3 00	
Mesures de capacité pour l'huile..........	3 00	3 00	
Mesures de capacité en bois pour les matières sèches.......................	7 00	7 00	

DÉSIGNATION DES OBJETS.	A.	B.	OBSERVATIONS.
	fr. c.	fr. c.	
Arithmétique, système métrique, géométrie et dessin géométrique. (Suite.)			
Balance à colonne......................	25 00	25 00	
Poids gradués en cuivre (une série complète, allant du gramme au kilogramme).....	10 00	10 00	
Poids en fonte (poids moyens)..........	5 00	5 00	
Tableau du système métrique français......	"	"	Prix suivant les dimensions.
Règles articulées pour la génération des angles...........................	2 00	2 00	
Accessoires pour le dessin au tableau (grand compas en bois, équerre, rapporteur, té)...............................	6 00	6 00	
Tableaux représentant les principales figures de la géométrie plane...............	7 à 20	7 à 20	
Modèles des principales figures planes......	"	"	Prix divers.
Collection de figures planes et de solides géométriques........................	"	"	Idem.
Parallélépipède rectangle décomposé en cubes; parallélépipède droit se transformant en un parallélépipède rectangle équivalent; parallélépipède oblique se transformant en un parallélépipède droit équivalent; parallélépipède décomposé en deux prismes triangulaires équivalents; prisme triangulaire décomposé en trois pyramides triangulaires équivalentes; tronc de pyramide décomposé en trois pyramides...........................	"	"	Idem.
Cylindres et cônes de révolution..........	"	"	Idem.
Sphère, coupée suivant un grand cercle et suivant un petit cercle...............	"	"	Idem.
Sphère ardoisée sans méridien ni parallèle...	"	"	Prix suivant les dimensions.
Compas sphérique pour tracer des cercles sur la sphère ardoisée...............	6 00	6 00	

DÉSIGNATION DES OBJETS.	A.	B.	OBSERVATIONS.
	fr. c.	fr. c.	

II. Géométrie descriptive et applications.

(Division supérieure de l'enseignement classique; mathématiques élémentaires et mathématiques spéciales; enseignement moderne.)

DÉSIGNATION DES OBJETS.	A.	B.	OBSERVATIONS.
Modèles en plâtre, fils, bois, etc., des collections Bardin-Muret, représentant des polyèdres et des surfaces diverses avec leurs lignes remarquables, leurs sections planes, leurs intersections réciproques, la coupe des pierres et des bois, etc., le prix d'une collection variée....................	100 à 500	100 à 500	
Prix d'un modèle....................	3 à 50	3 à 50	

III. Arpentage et nivellement.

DÉSIGNATION DES OBJETS.	A.	B.	OBSERVATIONS.
Chaîne d'arpenteur et fiches.............	4 00	4 00	
Ruban métrique en acier, de 10 mètres....	7 à 12	7 à 12	
Roulette de toile, de 10 mètres..........	6 00	6 00	
Trois jalons peints....................	9 00	9 00	
Équerre d'arpenteur avec pied...........	28 00	28 00	
Planchette demi-grand aigle avec genou à la Cugnot......................	95 00	95 00	
Alidade à pinnules....................	30 00	30 00	
Graphomètre avec pied et aiguille aimantée..	50 00	50 00	
Boussole d'arpenteur avec pied..........	35 00	35 00	
Niveau d'eau avec genou et pied.........	35 00	35 00	
Mire à coulisse développant 4 mètres......	25 00	25 00	

IV. Cosmographie.

Appareils avec mouvement à la main.

DÉSIGNATION DES OBJETS.	A.	B.	OBSERVATIONS.
Globe céleste.......................	36 00	"	
Appareil de démonstration pour les saisons..	100 00	"	
Appareil de démonstration pour les phases de la lune.....................	30 00	"	

DÉSIGNATION DES OBJETS.	A.	B.	OBSERVATIONS.
	fr. c.	fr. c.	
Cosmographie. (Suite.)			
Appareil de démonstration pour les éclipses..	90 00	″	
Appareils à mouvement d'horlogerie.			
Mouvement de la terre autour du soleil.....	70 00	″	
Mouvement de la lune autour de la terre...	70 00	″	
V. Mécanique.			
Peson à ressort.......................	10 00	10 00	
Balance ordinaire.....................	60 00	45 00	
Balance romaine	30 00	30 00	
Balance de Roberval	25 00	25 00	
Balance-bascule de Quintenz.............	75 00	60 00	
Poulies et moufles	110 00	35 00	
Treuil............................	18 00	18 00	
Cabestan	18 00	18 00	
Roues à chevilles.....................	20 00	20 00	
Cric..............................	50 00	″	
Chèvre............................	16 00	″	
Frein à ruban.......................	120 00	″	
Courroie sans fin avec poulie folle, tendeur et désembrayeur.......................	100 00	″	
Engrenage cylindrique..................	60 00	″	
Engrenage conique	60 00	″	
Engrenage à lanterne..................	90 00	″	
Roue dentée à crémaillère	50 00	″	
Vis sans fin à filets carrés..............	70 00	″	
Bielle à glissière transversale............	180 00	″	
Modèle de principaux systèmes d'excentriques.	225 00	″	
Cames et pilon.......................	40 00	40 00	
Rainure excentrique, galet et glissière......	70 00	″	

DÉSIGNATION DES OBJETS.	A.	B.	OBSERVATIONS.
	fr. c.	fr. c.	
Mécanique. (Suite.)			
Modèle de moulin à vent.............	100 00	*u*	
Machine à vapeur de Watt, avec chaudière..	800 00	*u*	
Modèle de tiroir de distribution.........	24 00	*u*	
Modèle à parallélogrammes de Watt.......	180 00	*u*	
Modèle de losange de Paucelier..........	155 00	*u*	(*)
Modèle de régulateur de Watt...........	40 00	*u*	
Modèle de l'injecteur Giffard............	160 à 200	*u*	
Dessin avec pièces mobiles de la machine de Watt, en carton..................	30 00	30 00	
Dessin de locomotive.................	35 00	35 00	
Dessins de machines des bateaux à vapeur à roues, à hélice..................	35 00	35 00	
Vis d'Archimède....................	60 00	*u*	
VI. Physique.			
Instruments de mesure.			
Modèles de vernier..................	10 00	6 00	
Compas d'épaisseur.................	10 00	10 00	
Machine à diviser..................	700 00	*u*	M. S.
Sphéromètre......................	110 00	*u*	
Cathétomètre.....................	750 et 1100	*u*	M. S.
Viseur à lunette..................	105 00	*u*	M. S.
Compteur à seconde, à pointage.........	225 00	*u*	(*)
Plan à trois vis calantes.............	20 00	*u*	M. S.
Niveau à bulle d'air................	13 00	0 00	
Pesanteur.			
Tube pour la chute des corps dans le vide...	50 00	30 00	
Marteau d'eau.....................	5 00	5 00	
Machine d'Atwood..................	180 à 400	100 00	
Machine de Morin..................	450 00	260 00	
Cylindre remontant un plan incliné.......	12 00	12 00	

DÉSIGNATION DES OBJETS.	A.	B.	OBSERVATIONS.
	fr. c.	fr. c.	
Physique. (Suite.)			
Double cône pour la même expérience......	15 00	15 00	
Cylindres obliques..................	6 00	6 00	
Équilibriste.....................	6 00	6 00	
Cône pour les différents états d'équilibre....	3 00	3 00	
Triangle, pour la détermination du centre de gravité.....................	15 00	8 00	
Culbuteur chinois..................	8 00	8 00	
Support et boules pour fil à plomb et pendules.....................	30 00	30 00	
Pendule réversible de Kater, modèle de démonstration.....................	125 00	//	M. S.
Appareil pour démontrer l'invariabilité du plan d'oscillation..................	100 00	//	M. S.
Gyroscope.....................	15 00	//	
Échappement à ancre..................	150 00	//	
Appareil de démonstration pour les effets de la force centrifuge, avec accessoires....	150 à 250	100 00	
Balances de précision et trébuchets........	100 à 600	100 à 315	
Piézomètre d'OErsted..................	00 00	//	
Modèle de presse hydraulique............	130 00	130 00	
Cuir embouti.....................	5 00	5 00	
Appareil de Masson..................	50 00	50 00	
Appareil de Haldat..................	90 00	60 00	
Appareil pour la pression de bas en haut...	10 00	10 00	
Tourniquet hydraulique..................	52 00	15 00	
Appareils des vases communiquants........	50 00	50 00	
Balance hydrostatique..................	170 00	170 00	
Série de poids.....................	50 00	30 00	
Double cylindre pour la démonstration du principe d'Archimède..................	16 00	16 00	
Appareil de Boudréaux..................	12 00	12 00	
Ludion.....................	5 00	5 00	

DÉSIGNATION DES OBJETS.	A.	B.	OBSERVATIONS.
	fr. c.	fr. c.	
Physique. (Suite.)			
Flacons à densité......................	6 00	6 00	
Aréomètre de Nicholson...............	8 00	8 00	
Aréomètre de Fahrenheit..............	12 00	12 00	
Aréomètres à poids constant. Une collection..	20 00	20 00	
Appareil de Boyle pour la mesure de la densité des liquides....................	42 00	»	
Appareils divers pour la *capillarité* et l'*endosmose*......................	80 00	»	M. S.
Ballon à robinet pour la pesée de l'air.....	25 00	25 00	
Briquet à air........................	18 00	18 00	
Baromètre à cuvette..................	25 00	25 00	
Baromètre normal (avec le mercure).......	225 00	»	
Baromètre de Fortin..................	110 00	110 00	
Planchette avec support et collier pour le baromètre de Fortin..................	30 00	30 00	
Trépied Cardan......................	30 00	30 00	
Cuvette du baromètre de Fortin pour la démonstration......................	22 00	22 00	
Baromètre à siphon..................	25 00	25 00	
Baromètre de Gay-Lussac..............	90 00	»	
Tube du baromètre de Gay-Lussac........	3 50	3 50	
Baromètres métalliques................	45 00	35 00	
Boîte de Vidie pour la théorie des baromètres.	20 00	20 00	
Baromètre enregistreur de Richard........	115 00	»	
Baroscope..........................	35 00	35 00	
Tube de Mariotte....................	18 00	18 00	
Cuve profonde......................	35 00	35 00	
Appareil Cailletet pour la liquéfaction des gaz.	600 00	»	
Presse hydraulique actionnée par la pompe Cailletet...........................	350 00	»	(*)
Tubes de Natterer contenant de l'acide carbonique liquide....................	25 00	»	
Machine pneumatique à deux corps de pompe.	375 à 485	225 00	

DÉSIGNATION DES OBJETS.	A.		B.		OBSERVATIONS.
	fr.	c.	fr.	c.	
Physique. (Suite.)					
Machine pneumatique à mercure..........	360	00	150	00	Emballage 45ᶠ et 28 francs.
Trompe de Sprengel....................	240	00	//		Emballage 32ᶠ.
Appareil Carré pour fabriquer la glace et pour faire le vide....................	290	00	//		
Cloches en cristal à bords rodés..........	5 à 18		5 à 18		
Vessie à robinet....................	8	00	8	00	
Crève-vessie....................	3	00	3	00	
Hémisphères de Magdebourg..........	25	00	25	00	
Cloche à deux baromètres..............	60	00	40	00	
Jet d'eau dans le vide..................	30	00	30	00	
Manomètre barométrique de Regnault......	125	00	//		
Manomètre métallique pouvant s'adapter à la fontaine de compression..............	50	00	50	00	
Pompe de Regnault....................	90	00	90	00	
Fontaine de compression..................	90	00	90	00	
Fontaine intermittente.................	25	00	25	00	(**)
Fontaine de Héron	100	00	100	00	(*)
Flacon de Mariotte à écoulement constant..	8	00	8	00	
Siphons divers....................	6	00	6	00	
Vase de Tantale....................	3	00	3	00	(*)
Trompe à eau pour faire le vide..........	45	00	25	00	
Chaleur.					
Anneau de S'Gravesande..............	20	00	20	00	
Pyromètre à cadran....................	50	00	50	00	
Thermomètre à 360°....................	12	00	//		
Thermomètre à 200°....................	10	00	//		
Thermomètre à 100°....................	6	00	//		
Thermomètre à basse température........	4	00	//		
Thermomètre à chemise..............	3	00	//		
Thermomètre à alcool, sur planchette......	1	50	//		
Thermomètres de précision divisés en cinquièmes de degré de −5 à +105, ou autres.	25	00	//		

DÉSIGNATION DES OBJETS.	A.	B.	OBSERVATIONS.
	fr. c.	fr. c.	
Physique. (Suite.)			
Appareil pour déterminer le point 100.....	22 00	22 00	
Thermomètres divers à maxima et à minima.	30 00	30 00	
Thermoscope de Rumford...............	12 00	12 00	
Thermomètre métallique de Bréguet.......	100 00	″	
Thermomètre à poids.................	30 00	″	
Thermomètre enregistreur de Richard......	135 00	″	
Modèle de l'appareil de Dulong et Petit pour la mesure de la dilatation absolue du mercure.............................	380 00	″	M. S.
Appareil de Hope pour le maximum de densité de l'eau......................	22 00	22 00	
Appareil de Regnault pour la dilatation des gaz à volume constant et à pression variable.	350 00	″	M. S.
Manomètre spécial pour la même recherche sous pression constante..............	200 00	″	M. S.
Voluménomètre.....................	150 00	″	M. S.
Appareil de Ritchie pour déterminer la relation entre le pouvoir émissif et le pouvoir absorbant.........................	130 00	″	
Appareil de Mouchot..................	115 00	″	
Radiomètre de Crookes................	10 00	″	
Appareil de Tyndall pour la production de la chaleur par le frottement............	85 00	85 00	
Appareil de Foucault pour la transformation du travail en chaleur................	450 00	″	(*)
Modèle de tiroir.....................	85 00	″	
Dessins de machines à vapeur et de leurs organes.........................	″	″	Prix divers suivant les dimensions.
Dessins et cartes météorologiques........	″	″	Idem.
Pluviomètre........................	14 00	14 00	
Pendule compensateur à gril...........	60 00	40 00	
Pendule compensateur à mercure de Graham.	75 00	″	
Tubes en fer avec bouchons à vis pour la force expansive de la glace...............	6 00	6 00	
Moules en bois de Tyndall, la paire.......	15 00	4 00	

DÉSIGNATION DES OBJETS.	A.	B.	OBSERVATIONS.
	fr. c.	fr. c.	
Physique. (Suite.)			
Appareil de Leslie pour la congélation de l'eau avec cloche spéciale............	12 00	12 00	
Cryophore......................	3 00	3 00	
Appareil à quatre tubes barométriques pour les tensions des vapeurs............	40 00	40 00	
Appareil de Dalton pour la mesure des tensions maximum..................	90 00	90 00	
Bouillant de Franklin............	3 00	2 50	
Marmite de Papin (1/2 litre)...........	125 00	125 00	
Fourneau et brûleur à gaz pour la marmite de Papin..................	70 00	"	
Appareil de Boutigny avec ses accessoires...	155 00	"	
Appareil de Gay-Lussac et Thénard pour le mélange des gaz et des vapeurs.......	120 00	"	
Le même, en verre................	35 00	35 00	
Appareil de Gay-Lussac pour la densité des vapeurs.....................	85 00	"	M. S.
Appareil de Dumas pour la densité des vapeurs.....................	45 00	"	M. S.
Hygromètre de Saussure.............	35 00	15 00	
Hygromètre de Regnault avec aspirateur....	120 00	"	
Hygromètre de M. Alluard...........	120 00	"	
Hygromètre de M. Crova.............	130 00	"	
Psychromètre...................	35 00	35 00	(*)
Hygromètre chimique, aspirateur double de 5 litres....................	55 00	"	
Calorimètre pour la méthode des mélanges..	45 00	45 00	
Appareil de Regnault pour la détermination des chaleurs spécifiques............	275 à 550	"	(*)
Calorimètre de Fabre et Silbermann.......	125 à 390	"	(*)
Appareil de Dulong et Petit pour la détermination des chaleurs spécifiques par la méthode du refroidissement............	70 00	"	(*)
Appareil de Clément et Desormes.........	180 00	"	M. S.

DÉSIGNATION DES OBJETS.	A.	B.	OBSERVATIONS.
	fr. c.	fr. c.	
Physique. (Suite.)			
Appareil de Despretz pour la mesure de la chaleur latente de la vapeur d'eau......	155 00	∥	
Appareil d'Ingenhousz pour la conductibilité des solides...................	40 00	25 00	
Cuve pour la fusion de la cire...........	10 00	10 00	
Miroirs conjugués....................	160 00	80 00	
Cube de Leslie avec miroir et thermomètre différentiel...................	68 00	68 00	
Thermomètre différentiel seul...........	12 00	12 00	
Appareil de Melloni pour l'étude de la chaleur rayonnante...................	800 00	375 00	
Électricité statique.			
Pendules électriques, chacun............	10 00	6 00	
Bâton de verre et bâton de résine.........	6 00	6 00	
Bâton et plaque de caoutchouc durci.......	9 00	9 00	
Bâton de verre dépoli à l'extrémité........	3 50	3 50	
Bâton de cuivre à manche isolant.........	8 00	8 00	
Disque de cuivre et disque de bois avec manches isolants..................	15 00	15 00	
Deux disques en glace, l'un poli et l'autre dépoli, avec manches isolants........	16 00	16 00	
Tabouret isolant.....................	20 00	15 00	
Isoloirs Mascart.....................	15 00	∥	
Balance de Coulomb..................	110 00	∥	
Sphère creuse isolée avec plan et boule d'épreuve....................	22 00	22 00	
Sphère à double enveloppe.............	35 00	35 00	
Sac de Faraday.....................	20 00	20 00	
Ellipsoïde sur pied..................	50 00	∥	
Deux cylindres pour l'influence avec pendules et balles de sureau..................	70 00	70 00	
Pointe métallique et boule pouvant s'adapter à la pointe....................	5 00	5 00	

DÉSIGNATION DES OBJETS.	A.	B.	OBSERVATIONS.
	fr. c.	fr. c.	
Physique. (Suite.)			
Tourniquet électrique....................	0 00	6 00	
Cage en toile métallique de Faraday.......	30 00	20 00	
Vase métallique de Faraday, avec sphère à manche isolant....................	25 00	∅	
Carillon électrique....................	20 00	10 00	
Appareils pour la grêle électrique et les pantins électriques....................	45 00	45 00	
Pantins électriques en sureau...........	3 00	2 00	
Peau de chat....................	4 00	3 00	
Électrophore....................	35 00	25 00	
Machine électrique à frottement.........	325 00	160 00	
Machine de Holtz....................	300 à 400	∅	
Machine système Carré....................	430 00	320 00	
Machine de Voss, petit modèle...........	85 00	∅	(*)
Machine Wimshurst....................	230 00	230 00	
Condensateur d'OEpinus....................	70 00	∅	
Bouteilles de Leyde à 6 francs l'une.......	18 00	12 00	
Une bouteille à armatures mobiles.........	12 00	12 00	
Une bouteille électrométrique de Lane......	60 00	∅	
Une batterie électrique....................	100 00	45 00	
Une batterie en cascade....................	100 00	∅	
Un excitateur à manche de verre.........	18 00	12 00	
Un excitateur universel....................	45 00	45 00	
Un excitateur universel Mascart...........	150 00	∅	(*)
Chaîne de 5 mètres....................	5 00	5 00	
Deux conducteurs à crochets et à tirage....	30 00	30 00	
Soufflet pour les figures de Lichtemberg....	10 00	10 00	
Tube étincelant....................	15 00	10 00	
OEuf électrique à robinet double...........	75 00	∅	
Pistolet de Volta....................	12 00	2 00	
Vase pour enflammer l'éther............	5 00	5 00	

DÉSIGNATION DES OBJETS.	A.	B.	OBSERVATIONS.
	fr. c.	fr. c.	
Physique. (Suite.)			
Perce-verre..........................	25 00	15 00	
Presse pour le portrait de Franklin.........	12 00	12 00	
Portrait de Franklin...................	3 00	3 00	
Torpille électrique...................	20 00	//	
Pointe de paratonnerre.................	20 00	20 00	
Électroscope à feuilles d'or avec boule et plateaux condensateurs...................	60 00	25 00	
Électromètre de Mascart...............	250 00	//	
Échelle transparente...................	60 00	//	
Lanterne porte-bougie.................	30 00	//	
Pile à eau de 5o éléments...............	40 00	//	
Électromètres de précision divers.........	//	//	{ Prix suivant les modèles.
Condensateur étalon pour la mesure des capacités............................	//	//	(*) Prix divers.
Magnétisme.			
Pierre d'aimant sans armature...........	6 00	3 00	
Pierre d'aimant avec armature...........	25 00	25 00	
Boîte de barreaux aimantés.............	30 00	15 00	
Aimant en fer à cheval.................	27 50	12 00	
Deux aiguilles aimantées à chape d'agate avec supports...........................	12 00	12 00	
Boussole de déclinaison.................	650 00	//	
Boussole marine (compas de route)........	125 00	25 00	
Boussole d'inclinaison.................	600 00	170 00	
Électricité dynamique.			
Excitateur cuivre et zinc de Galvani pour les expériences sur la grenouille..........	6 00	6 00	
Lame cuivre et zinc...................	5 00	5 00	
Pile à colonne........................	50 00	40 00	

DÉSIGNATION DES OBJETS.	A.	B.	OBSERVATIONS.
	fr. c.	fr. c.	
Physique. (Suite.)			
Pile sèche..................................	30 00	"	
Un élément Wollaston.....................	10 00	10 00	
Élément Daniell ou ses modifications......	6 00	6 00	
Pile au bichromate........................	10 00	10 00	
Batterie au bichromate (6 éléments).......	110 00	80 00	
Un élément Bunsen........................	0 50	0 50	
Une pile de 5o éléments Bunsen..........	325 00	"	
Un élément Leclanché.....................	6 00	6 00	
Une cuve en bois pour amalgamer les zincs..	6 00	6 00	
Fil de cuivre recouvert de coton et de gutta.	"	"	Prix divers.
Pinces pour les piles.....................	15 00	10 00	
Pile thermo-électrique de Seebeck........	20 00	20 00	
Pile thermo-électrique de Noé...........	38 00	"	
Pile secondaire de Planté................	40 00	40 00	
Accumulateurs............................	"	"	Prix divers.
Voltamètre...............................	35 00	12 00	
Galvanomètre Nobili à 2 fils.............	160 00	100 00	
Galvanomètre Bourbouze..................	220 00	"	
Galvanomètres divers.....................	"	"	Prix divers.
Ampères-mètres et Volts-mètres...........	"	"	Idem.
Boussole des tangentes..................	300 00	"	(*)
Ohm étalon..............................	"	"	Prix divers.
Boîte de résistances graduées............	"	"	Idem.
Pont de Wheatstone.....................	150 00	75 00	
Rhéostats divers.........................	100 à 350	"	(*)
Commutateur Bertin.....................	30 00	30 00	
Appareil électro-dynamique et accessoires...	200 à 300	130 00	
Flotteur de De la Rive...................	20 00	"	
Appareil pour la rotation d'un aimant par un courant	"	"	Prix divers.

DÉSIGNATION DES OBJETS.	A	B.	OBSERVATIONS.
	fr. c.	fr. c.	
Physique. (Suite.)			
Appareil pour la rotation d'un courant par un aimant..........................	150 00	//	
Roue de Barlow......................	65 00	//	
Électro-aimant......................	100 00	60 00	
Hélices pour l'aimantation...............	20 00	12 00	
Sonnerie électrique	9 00	5 00	
Télégraphe à cadran....................	100 00	85 00	
Télégraphe Morse......................	150 00	150 00	
Modèles de supports et de câble télégraphique souterrain et sous-marin.............	//	//	
Paratonnerre télégraphique...............	12 à 25	//	
Moteur électro-magnétique	50 00	50 00	
Deux bobines pour l'induction.............	80 à 200	80 00	
Bobine de Ruhmkorff....................	150 à 600	15 à 150	
Tubes de Geissler	//	//	Prix suivant le nombre et les dimensions.
Tubes de Crookes......................	//	//	Prix divers.
Machine d'induction simple...............	200 à 400	200 à 400	
Machine Gramme avec anneau supplémentaire	700 à 800	//	
Machines dynamo et magnéto-électriques diverses............................	//	//	(*) Prix suivant les modèles.
Appareil électro-médical.................	30 00	20 00	(*)
Régulateurs électriques	//	//	Prix suivant les modèles.
Bougies électriques	//	//	Idem.
Lampes à incandescence sur pied..........	//	//	Idem.
Crayons de charbon artificiel.............	5 00	5 00	
Lame d'or et lame d'argent pour la dorure et l'argenture........................	30 00	30 00	
Appareils pour radioscopie...............	//	//	Prix divers.

DÉSIGNATION DES OBJETS.	A.	B.	OBSERVATIONS.
	fr. c.	fr. c.	
Physique. (Suite.)			
Acoustique.			
Huit morceaux de bois donnant la gamme..	6 00	6 00	
Archet...............................	7 00	7 00	
Appareil de Trevelyan.................	20 00	»	
Cloche montée sur un support..........	30 00	30 00	
Appareil à plaques vibrantes..........	80 00	50 00	
Diapason normal la₃, sur caisse..........	35 00	35 00	
Quatre diapasons pour l'accord parfait.....	145 00	»	
Diapason à miroir pour les expériences de Lissajous..........................	50 00	»	
Support à glissière pour inscription des vibrations sur une plaque de verre enfumée..	35 00	35 00	
Timbre à rouages....................	35 00	»	
Ballon à clochette....................	22 00	22 00	
Soufflerie...........................	400 00	300 00	
Petit régulateur.....................	35 00	»	
Sirène..............................	90 00	90 00	
Sonomètre..........................	110 00	110 00	
Appareil de Melde avec diapason électrique..	120 00	»	
Vibroscope de Duhamel...............	150 00	90 00	
Métronome..........................	12 00	12 00	
Appareil à sept billes d'ivoire..........	80 00	»	
Trois tuyaux en bois de différentes épaisseurs.	24 00	»	
Trois tuyaux égaux en bois, en carton, en cuivre..............................	30 00	»	
Deux tuyaux cubiques dont les dimensions sont dans le rapport de 2 à 1..........	20 00	»	
Huit tuyaux ouverts donnant la gamme....	60 00	60 00	
Long tuyau ouvert avec piston (en verre)...	22 00	22 00	
Long tuyau fermé avec soupapes..........	21 00	21 00	
Miroir tournant......................	150 00	50 00	

DÉSIGNATION DES OBJETS.	A.	B.	OBSERVATIONS.
	fr. c.	fr. c.	
Physique. (Suite.)			
Tuyau à flammes manométriques (ouvert ou fermé)......................	45 00	"	
Petit miroir tonrnant, flamme manométrique et cornet......................	60 00	"	
Tuyau avec parois de verre et membrane...	20 00	20 00	
Tuyau avec clavette au milieu............	10 00	10 00	
Tuyau pour les harmoniques.............	21 00	21 00	
Flûte en quatre pièces.................	12 00	12 00	
Tuyau à anche libre....................	30 00	30 00	
Tuyau à anche battante.................	30 00	30 00	
Dix résonnateurs de Helmholtz...........	110 00	"	
Phonographe...........................	100 00	100 00	(')
Une paire de téléphones avec fil double pour la transmission......................	50 00	50 00	
Microphone............................	10 00	10 00	
Un double poste téléphonique............	290 00	"	
Optique.			
MATÉRIEL DE PROJECTION.			
Écran pour les projections...............	90 00	30 00	
Porte-lumière.........................	225 00	"	
Lanterne photogénique..................	250 00	"	
Lampe oxhydrique......................	60 00	"	
Boîte de chaux........................	4 00	"	
Réservoir à oxygène avec régulateur et support...............................	"	"	Prix suivant les dimensions.
Cône de projection......... 120', 200' et	250 00	"	
Condenseur pour la lumière solaire........	35 00	"	
Diaphragme à ouverture rectiligne........	30 00	"	
Diaphragme à trous circulaires...........	15·00	"	
Microscope solaire s'adaptant au porte-lumière et à la lanterne......................	150 00	"	

DÉSIGNATION DES OBJETS.	A.	B.	OBSERVATIONS.
	fr. c.	fr. c.	
Physique. (Suite.)			
Une cuve en glace à faces parallèles........	15 00	"	
Une cuve pour la projection des actions chimiques..................................	30 00	"	
Une chambre pour la projection des insectes vivants..............................	5 00	"	
Deux châssis à coulisse pour introduire les photographies dans les appareils.......	8 00	"	
Photographies sur verre pour projection (5o assorties)............................	75 00	"	
INSTRUMENTS D'OPTIQUE.			
Héliostats.............................	"	"	Prix divers.
Photomètre de Foucault................	55 00	"	
Photomètre de Bunsen.................	75 00	30 00	
Appareil pour vérifier les lois de la réflexion et de la réfraction....................	200 00	200 00	
Deux miroirs plans sur pied............	45 00	45 00	
Miroir concave et miroir convexe sur pied...	130 00	130 00	
Bouquet magique, vase et support........	10 00	10 00	
Kaléidoscope	5 00	3 50	
Prisme équilatéral en flint..............	60 00	60 00	
Prisme à réflexion totale...............	60 00	50 00	
Deux prismes de même angle pour l'expérience des spectres croisés............	100 00	"	
Prismes creux à liquide................	55 00	"	
Prisme à angle variable................	225 00	"	
Polyprisme...........................	80 00	"	
Cuve de verre avec cloison diagonale.......	45 00	"	
Une lentille convergente................	30 et 35	30 et 35	
Une lentille divergente.................	30 00	30 00	
Disque de Newton et disques de couleurs complémentaires	70 00	70 00	
Système de prismes mobiles pour l'achromatisme..............................	60 et 80	60 et 80	

DÉSIGNATION DES OBJETS.	A.		B.		OBSERVATIONS.
	fr.	c.	fr.	c.	
Physique. (Suite.)					
Lentille achromatique sur pied.............	100	00	#		
Spectroscope	300	00	#		
Petit spectroscope à vision directe..........	70	00	70	00	
Tubes à liquides et à gaz et accessoires divers pour l'analyse spectrale..............	#		#		Prix divers.
Tubes phosphorescents..................	#		#		Idem.
Tableau peint du spectre solaire..........	100	00	#		
Deux tableaux des spectres des métaux.....	20	00	#		
Un tableau des spectres des étoiles........	15	00	#		
Appareil pour le renversement de la raie du sodium...........................	00	00	#		
Diasporamètre de Rochon...............	200	00	#		M. S.
Diasporamètre de Boscovich s'adaptant à l'appareil de Silbermann pour les lois de la réfraction,...........................	#		#		Prix divers.
Œil élastique........................	#		#		Idem.
Besicles de presbytes et de myopes........	#		#		Idem.
Phénakisticope de Plateau...............	55	00	55	00	
Stéréoscope (avec épreuves).............	25	00	25	00	
Lames de verre de diverses couleurs,.......	10	00	10	00	
Deux verres de couleurs complémentaires dans un pince-nez.....................	10	00	4	00	
Chambre claire de Laussedat.............	100	00	#		
Appareil complet de photographie.........	300	00	180	00	
Lanterne magique.....................	#		#		Idem.
Triloupe............................	10	00	#		
Microscope composé...................	#		#		Idem.
Chambre claire.......................	#		#		Idem.
Micromètre oculaire...................	#		#		Idem.
Micromètre objectif...................	#		#		Idem.
Lunette de Galilée....................	30	00	10	00	
Lunette astronomique avec oculaire terrestre.	300	00	#		

DÉSIGNATION DES OBJETS.	A.	B.	OBSERVATIONS.
	fr. c.	fr. c.	
Physique. (Suite.)			
Dynamètre de Ramsden..................	30 00	//	M. S.
Télescope de Foucault..................	500 00	//	
Goniomètre de Babinet.................	260 00	//	M. S.
Focomètre.........................	300 00	//	(')
Rhomboèdre de spath d'Islande..........	40 00	//	
Saccharimètre.....................	//	//	Prix divers.
VII. Chimie.			
MATÉRIEL DU LABORATOIRE DE CHIMIE.			
Une cuve à eau doublée en plomb, de 100 litres avec tablette, supports et couvercle.	100 00	//	
Une cuve portative à eau, en zinc, de 50 litres.....................	20 00	20 00	
Un appareil à déplacement, de 1 litre, avec robinet.......................	10 00	10 00	
Un bain-marie de 0^m18...............	20 00	//	
Bain d'huile......................	70 00	//	
Une étuve à air....................	120 00	//	
Cuve à mercure en pierre dure, de 3 litres, avec cuvette et couvercle............	60 00	//	
Mercure, de 40 à 45 kilogrammes........	//	//	Prix variable.
Deux bouteilles en fer pour contenir le mercure, à.................... 3f 00	6 00	//	
Alambic complet, en cuivre étamé, avec bain-marie.......................	160 00	135 00	
Soufflet d'émailleur (table)............	65 00	65 00	
Chalumeau articulé pour lampe d'émailleur.	15 00	15 00	
Gazomètre aspirateur de Deville, de 50 litres.	50 00	//	
Petit aspirateur en zinc verni, de 5 litres...	10 00	10 00	
Becs à gaz de Bunsen, deux droits à 3f	6 00	6 00	
Becs à gaz de Bunsen, deux cintrés à 4f	8 00	8 00	
Becs à gaz de Bunsen, un de Wiesnegg....	17 50	//	

DÉSIGNATION DES OBJETS.	A.	B.	OBSERVATIONS.
	fr. c.	fr. c.	
Chimie. (Suite.)			
Un fourneau de douze flammes (Wiesnegg).	15 00	#	
Un fourneau à évaporation, forme haute, de 0m09 de diamètre……………………	15 00	12 00	
Un mortier en fonte avec pilon…………	6 00	6 00	
Deux pelles à main pour le charbon à 1f 50	3 00	3 00	
Deux grilles à analyse, de 0m40 et 0m 60, avec écrans……………………	11 50	11 50	
Une grille à analyse (quatorze becs)…….	115 00	#	
Une série de rondelles en tôle, pour bain-marie, etc.……………………	3 00	3 00	
Six triangles en fer, assortis, à….. 0f 50	3 00	3 00	
Deux pinces à charbon à bec droit, de 0m40, à…………………… 2f 50	5 00	5 00	
Un étouffoir…………………	3 00	3 00	
Une pince à creuset, de 0m40…………	3 00	3 00	
Deux cuillers en tôle de fer, à…… 1f	2 00	2 00	
Deux bassins en fonte, de 0m16 et 0m22…	2 50	2 50	
Une petite lingotière…………………	3 00	3 00	
Une grille pour distiller l'acide sulfurique (1/2 litre)……………………	10 00	10 00	
Deux pinces à matras en bois, à…. 1f 00	2 00	2 00	
Un support en bois à pinces…………	3 00	3 00	
Un support à entonnoirs double………	3 00	3 00	
Un support à plateau…………………	2 50	2 50	
Six valets en jonc, à………… 0f 20	1 20	1 20	
Six ronds de serviette pour poser les ballons, à…………………… 0f 15	0 90	0 90	
Deux spatules en fer, à……… 1f 00	2 00	2 00	
Un chandelier à gaz (bec Bengel)………	18 00	#	
Une spatule en verre…………………	0 50	0 50	
Deux spatules en porcelaine…………	2 00	2 00	
Deux grilles pour supporter les matras chauffés, à………………… 1f 50	3 00	3 00	

DÉSIGNATION DES OBJETS.	A.	B.	OBSERVATIONS.
	fr. c.	fr. c.	
Chimie. (Suite.)			
Une boîte contenant un marteau, six limes pour percer et limer les bouchons, une percerette à bouchons..............	8 00	8 00	
Un couteau à couper le verre............	2 00	2 00	
Quatre goupillons pour nettoyer les tubes, à......................... o' 3o	1 20	1 20	
Bouchons assortis en caoutchouc et en liège..	30 00	30 00	
Trois appareils pour la production continue de l'hydrogène, de l'acide carbonique et de l'hydrogène sulfuré, de 4 litres, à 13' oo.	39 00	"	
Tubes en caoutchouc assortis, 25o grammes.	15 00	15 00	
Une poire en caoutchouc pour pipette......	2 00	2 00	
Deux cônes en tôle pour allumer les fourneaux, à.................. 3' oo	6 00	"	
Deux paires de ciseaux, à........ 2' oo	4 00	4 00	
Balance de Roberval et poids (5 kilogr.)....	45 00	30 00	
Un tamis en crin.....................	1 75	1 75	
INSTRUMENTS ET APPAREILS.			
Alambic pour l'essai des vins, avec 2 aréomètres..........................	28 00	28 00	
Eudiomètre à mercure, Bunsen..........	10 00	"	
Tube de Berthelot pour l'ozone...........	12 00	"	
Appareil de Hoffmann pour la synthèse de l'eau.........................	30 00	"	
Toiles métalliques en cuivre et en fer......	3 00	3 00	
Lampe des mineurs de Davy (Combes).....	15 00	15 00	
Cornue en plomb pour la préparation de l'acide fluorhydrique................	30 00	30 00	
Chalumeau de Berzelius, en fer-blanc......	1 50	1 50	
Deux lampes à alcool, en cristal.........	3 00	3 00	
Briquet à gaz hydrogène et à mousse de platine.....................	10 00	"	
Une carafe jaugée, de 1 litre...........	3 50	3 50	

DÉSIGNATION DES OBJETS.	A.	B.	OBSERVATIONS.
	fr. c.	fr. c.	
Chimie. (Suite.)			
Une éprouvette à pied, de 1/2 litre, divisée en 100 parties égales..............	5 00	5 00	
Une pipette jaugée, de 100 centimètres cubes, pour essais d'argent...............	3 00	3 00	
Verre jaugé, de 500 centimètres cubes.....	2 50	2 50	
Deux pipettes, de 10 centimètres cubes, à 1ᶠ 50	3 00	3 00	
Une burette graduée, de 25 centimètres cubes, divisée en 50 parties..............	5 00	5 00	
Une burette de Gay-Lussac	5 00	5 00	
Une burette de Mohr...................	5 00	5 00	
Une pipette de Berthelot...............	12 00	"	
Boîte à réactifs, trente-cinq flacons pleins, à étiquettes vitrifiées, avec couvercle......	150 00	100 00	
OBJETS EN PORCELAINE.			
Cuve à mercure portative, de 0ᵐ 60........	6 00	6 00	
Mortier (forme hémisphérique), biscuit, de 0ᵐ 16.....................................	4 00	4 00	
Mortier en porcelaine émaillée, de 0ᵐ 10...	2 50	2 50	
Mortier en agate......................	8 00	8 00	
Six capsules à bec de Bayeux (166ᵐᵐ-140-125-110-97-64)......................	7 00	7 00	
Deux nacelles de porcelaine de Bayeux à 0ᶠ 40	0 80	0 80	
Vingt-quatre soucoupes de porcelaine à 0ᶠ 20	4 80	4 80	
Deux petits creusets de porcelaine........	1 00	1 00	
Deux tubes en porcelaine dégourdie, de 0ᵐ 16 de diamètre intérieur, à....... 1ᶠ 50	3 00	3 00	
Une plaque en porcelaine dégourdie.......	0 50	0 50	
OBJETS EN POTERIE DE TERRE ET DE GRÈS.			
Trois fourneaux à cuve : un de 0ᵐ 16, deux de 0ᵐ 19 de diamètre..............	8 00	8 00	
Deux fourneaux à réverbère, de 0ᵐ 25, à 15ᶠ 00	30 00	30 00	

DÉSIGNATION DES OBJETS.	A.	B.	OBSERVATIONS.
	fr. c.	fr. c.	
Chimie. (Suite.)			
Un fourneau à tubes, de o^m 3o à o^m 33	12 00	12 00	
Un fourneau de coupelles (2ᵉ grandeur), moufle de o^m o8 sur o^m 11	20 00	20 00	
Douze fromages en terre, de o^m o4 à o^m o6, à .... o^f 10	1 20	1 20	
Douze têts à gaz, de o^mo6 à o^m o9, à. o 20	2 40	2 40	
Douze têts à combustion, de o^m o2, à. o 10	1 20	1 20	
Six tubes réfractaires (grès de Hesse émaillé), de o^m o3 de large sur o^m 5o, à. 1^f 5o	9 00	9 00	
Six cornues en grès de Hesse émaillé, de 5oo centim. cubes, sans tubulure, à o^f 65	3 90	3 90	
Deux cornues en grès de 1/2 litre, tubulées, à .... o^f 85	1 70	1 70	
Creusets en terre de Paris avec couvercles (assortiment de vingt-quatre)	5 00	5 00	
Trois terrines assorties, de o^m 45, o^m 32 et o^m 22 de diamètre	3 00	3 00	
Trois terrines en grès fin émaillé, de o^m 45, ^m 33 et o^m 22 de diamètre	6 00	6 00	
OBJETS DE VERRERIE.			
Douze allonges assorties, à .... o^f 25	3 00	3 00	
Ballons à col court ou long, quatre de 2 litres, à .... o^f 8o	3 20	3 00	
Ballons à col court ou long, quatre de 1 litre, à .... o^f 4o	1 60	1 60	
Ballons à col court ou long, quatre de o^l 75o, à .... o^f 35	1 40	1 40	
Ballons à col court ou long, quatre de o^l 5oo, à .... o^f 3o	1 20	1 20	
Deux douzaines plus petits, assortis, à o^f 15	3 60	3 60	
Six ballons à densité de vapeurs, effilés, à .... o^f 4o	2 40	2 40	
Six ballons tubulés, trois de 1/2 litre, trois de 1/4 de litre, à .... o^f 75	4 50	4 50	

DÉSIGNATION DES OBJETS.	A.	B.	OBSERVATIONS.
	fr. c.	fr. c.	
Chimie. (Suite.)			
Vingt-quatre matras à fond plat, de 1 litre à 125 centimètres cubes	5 00	5 00	
Six matras d'essayeur, à . . . . $0^f 15$	0 90	0 90	
Vingt-quatre cornues ordinaires assorties, de 1 litre à 60 centimètres cubes	6 50	6 50	
Huit cornues tubulées, de 1 litre, $0^l 500$, $0^l 250$, $0^l 125$	6 00	6 00	
Vingt-quatre entonnoirs assortis, de 1 litre à $0^l 300$	5 00	5 00	
Vingt-quatre éprouvettes à recueillir les gaz .	6 00	6 00	
Six éprouvettes à pied, une de 1 litre, une de 1/2, quatre de 1/4 de litre	5 00	5 00	
Quatre éprouvettes à dessécher les gaz	10 00	10 00	
Quatre cloches à bouton, de 4 litres, 2 litres, 1 litre, 1/2 litre	4 50	4 50	
Flacons de Woolf à deux tubulures (trois ouvertures), quatre de 1 litre, à . . $1^f 25$	5 00	5 00	
Flacons de Woolf à deux tubulures (trois ouvertures), six de 1/2 litre, à . . . $1^f 25$	7 50	7 50	
Flacons de Woolf à deux tubulures (trois ouvertures), quatre de 1/4 de litre, à $1^f 10$	4 40	4 40	
Quatre flacons de Woolf à une tubulure (deux ouvertures), de 1/2 litre, à . . . . $0^f 75$	3 00	3 00	
Flacons en verre blanc à goulot, quatre de 2 litres, à . . . . $0^f 75$	3 00	3 00	
Flacons en verre blanc à goulot, six de 1 litre, à . . . . $0^f 40$	2 40	2 40	
Flacons en verre blanc à goulot, six de 1/2 litre, à . . . . $0^f 30$	1 80	1 80	
Flacons en verre blanc à goulot, six de 1/4 de litre	1 00	1 00	
Deux douzaines de flacons plus petits, assortis, à . . . . $0^f 10$	2 40	2 40	
Flacons à large ouverture, même assortiment	10 00	10 00	

DÉSIGNATION DES OBJETS.	A.	B.	OBSERVATIONS.
	fr. c.	fr. c.	
Chimie. (Suite.)			
Six flacons bouchés à l'émeri, à petite ouverture, de 1 litre, à.......... 0ᶠ 75	4 50	4 50	
Trois flacons bouchés à l'émeri, à large ouverture, de 1 litre, à......... 1ᶠ 75	5 25	5 25	
Assortiment de flacons plus petits, 10 flacons assortis......................	10 00	10 00	
Vingt-quatre verres à expériences, de 30 grammes à 125 grammes................	5 00	5 00	
Quatorze vases à précipité, deux de 4 litres, à....................... 0ᶠ 40	0 80	0 80	
Deux de 0ˡ 750, à.............. 0 35	0 70	0 70	
Deux de 0ˡ 500, à.............. 0 30	0 60	0 60	
Deux de 0ˡ 375, à.............. 0 25	0 50	0 50	
Deux de 0ˡ 250, à.............. 0 20	0 40	0 40	
Deux de 0ˡ 125, à.............. 0 15	0 30	0 30	
Deux de 0ˡ 060, à.............. 0 15	0 30	0 30	
Six cristallisoirs assortis.................	5 00	5 00	
Six conserves assorties..................	5 00	5 00	
Six capsules en verre avec bec, assorties....	3 00	3 00	
Douze verres de montre, à...............	1 20	1 20	
Six obturateurs pour éprouvettes à gaz, à 0ᶠ 15	0 90	0 90	
4 kilogrammes de tubes creux assortis, à........................ 1ᶠ 50	6 00	6 00	
1 kilogramme de tiges de verre pour baguettes......................	1 50	1 50	
3 kilogrammes de tubes en verre vert pour analyses, le kilogr........... 2ᶠ 00	6 00	6 00	
Un récipient florentin de 1 litre..........	2 00	2 00	
Un récipient florentin de 1/2 litre........	0 80	0 80	
Deux flacons à tubulure inférieure en verre, de 2 litres, à............... 1ᶠ 25	2 50	2 50	
Deux robinets en verre, à......... 3 50	7 00	7 00	

DÉSIGNATION DES OBJETS.	A.	B.	OBSERVATIONS.
	fr. c.	fr. c.	
Chimie. (Suite.)			
PIÈCES SOUFFLÉES EN VERRE.			
Six cloches courbes, à 0ᶠ 40	2 40	2 40	
Trois pipettes à cylindre, courbées, à 0 60	1 80	1 80	
Trois pipettes à cylindre, droites, à. 0 50	1 50	1 50	
Vingt-cinq tubes fermés pour essais, à 0 10	2 50	2 50	
Six tubes droits à entonnoir, à..... 0 30	1 80	1 80	
Un tube à entonnoir avec robinet de verre...	3 50	3 50	
Trois tubes de Liebig, à cinq boules, à 1ᶠ 25	3 75	3 75	
Deux tubes à trois boules, de Will et Waren-trapp, à.................... 1ᶠ 00	2 00	2 00	
Six tubes en S à boule ou cylindre, à 0 70	4 20	4 20	
Trois tubes de sûreté, de Welter, à 1 00	3 00	3 00	
Trois tubes en U, pointe effilée, à. 1 00	3 00	3 00	
Trois tubes en U, bout recourbé, à. 1 00	3 00	3 00	
Douze tubes en U pour dessiccation des gaz assortis, à.................... 0ᶠ 50	6 00	6 00	
Deux tubes pour appareils de Marsh, à 0 30	0 60	0 60	
Trois tubes à baromètre, en cristal, à 1 00	3 00	3 00	
Douze tubes pour thermomètres à alcool, à..................... 0ᶠ 25	3 00	3 00	
Douze tubes pour thermomètres à mercure, à..................... 0ᶠ 30	3 60	3 60	
OBJETS EN PLATINE ET EN ARGENT.			
Un creuset d'argent, de 40ᶜᶜ	//	//	
Une capsule d'argent, de 80ᶜᶜ	//	//	
Un petit creuset de platine, avec couvercle, de 8ᶜᶜ	//	//	
Un creuset moyen, de 32ᶜᶜ avec couvercle...	//	//	Au cours.
Une capsule, de 45 grammes	//	//	
Un triangle de platine, de 12 grammes.....	//	//	

DÉSIGNATION DES OBJETS.	A.	B.	OBSERVATIONS.
	fr. c.	fr. c.	
Chimie. (Suite.)			
Une nacelle de platine, de 5 grammes......	*"*	*"*	
Une petite spatule de platine, de 8 grammes.	*"*	*"*	
Fil de platine fin pour essai au chalumeau, 2 grammes, à.............. 1ᶠ 35	*"*	*"*	
Mousse de platine pour expériences, 2 grammes, à................... 1ᶠ 35	*"*	*"*	
Une lame de cuivre et une lame d'argent....	*"*	*"*	Au cours.
Deux lames de platine.................	*"*	*"*	
Une lame de palladium................	*"*	*"*	
Une feuille de clinquant, 5o centimètres carrés...........................	*"*	*"*	

II. PRODUITS CHIMIQUES.

PRIX des FLACONS contenant les produits ci-contre.	DÉSIGNATION DES PRODUITS.	A.	B.	OBSERVATIONS.
fr. c.		fr. c.	fr. c.	
	I. Chimie minérale.			
"	Collection de modèles en bois des systèmes cristallins..........	50 00	50 00	
"	Collection d'échantillons de matières premières avec cartons et étiquettes...............	80 00	80 00	
"	2 kilogrammes soufre en bâtons..	1 00	1 00	
"	1 kilogramme soufre en fleurs...	0 50	0 50	
0 30	10 grammes sélénium..........	4 50	4 50	
0 30	1 gramme tellure.............	5 00	5 00	
1 75	200 grammes phosphore ordinaire.	2 40	2 40	
0 15	100 ———— phosphore rouge...	1 80	1 80	
0 15	100 ———— arsenic métallique..	0 75	0 75	
0 75	25 grammes brome............	0 40	0 40	
0 50	50 ———— iode bi-sublimé.....	2 25	2 25	
"	500 grammes noir animal.......	0 35	0 35	
"	500 ———— noir de fumée.....	0 65	0 65	
0 30	1 gramme silicium cristallisé....	2 00	2 00	
0 30	1 ———— bore.............	2 00	2 00	
0 75	1 kilogramme acide azotique pur.	1 50	1 50	
0 80	1 ———— acide chlorhydrique pur.....................	1 00	1 00	
"	Échantillon d'acide sulfurique anhydre....................	3 00	3 00	
0 65	1 kilogramme acide sulfurique pur.	1 50	1 50	
0 65	1 ———— acide sulfurique de Nordhausen...............	1 70	1 70	
0 20	200 grammes acide arsénieux vitreux....................	0 40	0 40	
0 15	200 grammes acide arsénieux en poudre...................	0 15	0 15	

PRIX des FLACONS contenant les produits ci-contre.	DÉSIGNATION DES PRODUITS.	A.	B.	OBSERVATIONS.
fr. c.		fr. c.	fr. c.	
	Chimie minérale. (Suite.)			
0 15	5o grammes acide arsénique.....	0 20	0 20	
0 80	1oo grammes acide phosphorique vitreux.................	1 00	1 00	
0 25	2oo grammes acide borique cristallisé.................	1 00	1 00	
0 80	1 kilogramme ammoniaque pure..	1 80	1 80	
0 35	5oo grammes sulfure de carbone ordinaire................	0 60	0 60	
"	2oo grammes orpiment.........	0 30	0 30	
"	2oo ——— réalgar..........	0 30	0 30	
0 50	1o grammes potassium.........	2 50	2 50	
0 35	5oo grammes potasse à la chaux..	1 25	1 25	
0 75	1oo ——— potasse à l'alcool...	2 00	2 00	
0 35	5oo ——— chlorure de potassium pur................	1 50	1 50	
0 15	5o grammes bromure de potassium.................	0 60	0 60	
0 15	5o grammes iodure de potassium.................	1 75	1 75	
0 25	5o grammes sulfure de potassium pur.................	0 75	0 75	
0 40	1 kilogramme foie de soufre.....	0 70	0 70	
0 20	1o5 grammes cyanure de potassium.................	0 80	0 80	
0 40	1 kilogramme cyanoferrure de potassium................	4 00	4 00	
0 20	1oo grammes cyanoferride de potassium................	0 80	0 80	
"	Échantillons de potasses du commerce................	6 00	6 00	Vases compris.
0 35	5oo grammes carbonate de potasse ordinaire................	0 50	0 50	
0 35	5oo grammes carbonate de potasse pur desséché..............	2 25	2 25	

PRIX des FLACONS contenant les produits ci-contre.	DÉSIGNATION DES PRODUITS.	A.	B.	OBSERVATIONS.
fr. c.		fr. c.	fr. c.	
	Chimie minérale. (Suite.)			
0 20	125 grammes bicarbonate de po-tasse.....................	0 30	0 30	
0 25	200 grammes flux noir.........	0 60	0 60	
0 35	500 ——— sulfate de potasse pur......................	1 75	1 75	
"	1 kilogramme azotate de potasse..	1 00	1 00	
0 25	200 grammes azotite de potasse..	1 50	1 50	
"	1 kilogramme chlorate de po-tasse......................	3 00	3 00	
"	500 grammes chromate de potasse neutre....................	1 25	1 25	
"	1 kilogramme bichromate de po-tasse....................	1 40	1 40	
0 15	50 grammes permanganate de po-tasse cristallisé............	0 30	0 30	
0 40	1 kilogramme sulfocarbonate de potassium...............	1 00	1 00	
0 25	250 grammes silicate de potasse pur fondu...............	1 25	1 25	
1 75	100 grammes sodium..........	2 00	2 00	
0 35	500 ——— soude à la chaux...	1 15	1 15	
"	Échantillon de sel marin en tré-mies.....................	4 00	4 00	
"	Échantillon de sel gemme.......	1 00	1 00	
0 25	200 grammes chlorure de sodium pur......................	0 50	0 50	
0 25	100 grammes sulfure de sodium pur......................	1 20	1 20	
"	Échantillons de soudes du com-merce....................	5 50	5 50	
"	Échantillons de varech, fucus....	4 00	4 00	
"	2 kilogrammes carbonate de soude cristallisé.................	0 40	0 40	

PRIX des FLACONS contenant les produits ci-contre.	DÉSIGNATION DES PRODUITS.	A.	B.	OBSERVATIONS.
fr. c.		fr. c.	fr. c.	
	Chimie minérale. (Suite.)			
"	5oo grammes bicarbonate de soude pulvérisé.................	0 30	0 30	
"	2 kilogrammes sulfate de soude...	0 40	0 40	
0 25	2oo grammes sulfite de soude....	0 10	0 10	
"	1 kilogramme hyposulfite de soude...................	0 45	0 45	
"	1 kilogramme azotate de soude naturel...................	0 40	0 40	
"	1 kilogramme azotate de soude purifié..................	1 50	1 50	
0 25	2oo grammes azotite de soude ordinaire..................	0 25	0 25	
0 35	5oo grammes phosphate de soude ordinaire.................	0 40	0 40	
0 20	1oo grammes métaphosphate de soude...................	1 00	1 00	
0 20	1oo grammes pyrophosphate de soude...................	0 25	0 25	
0 20	1oo grammes phosphite de soude.	5 00	5 00	
0 20	1oo ———— hypophosphite de soude pur................	1 50	1 50	
0 20	25o grammes borate de soude ordinaire..................	0 30	0 30	
0 30	1o grammes chlorure de lithium..	0 40	0 40	
"	1 kilogramme chlorhydrate d'ammoniaque pulvérisé.	1 80	1 80	
"	1 kilogramme chlorhydrate d'ammoniaque gris en pain.......	1 80	1 80	
0 30	25o grammes carbonate d'ammoniaque...................	0 40	0 40	
0 35	5oo grammes sulfate d'ammoniaque ordinaire.................	0 50	0 50	
0 00	1 kilogramme azotate d'ammoniaque...................	2 00	2 00	

PRIX des FLACONS contenant les produits ci-contre.	DÉSIGNATION DES PRODUITS.	A.	B.	OBSERVATIONS.
fr. c.		fr. c.	fr. c.	
	Chimie minérale. (Suite.)			
0 35	500 grammes phosphate d'ammoniaque ordinaire.	3 00	3 00	
0 20	200 grammes borate d'ammoniaque pur.	3 00	3 00	
1 00	200 grammes baryte caustique. . .	1 00	1 00	
1 00	200 ——— bioxyde de baryum.	0 60	0 60	
0 20	200 ——— chlorure de baryum pur.	0 50	0 50	
0 35	500 grammes sulfure de baryum. .	1 75	1 75	
0 20	200 ——— azotate de baryte pur.	0 40	0 40	
0 20	100 grammes chlorate de baryte. .	0 80	0 80	
0 20	100 ——— hyposulfate de baryte	3 50	3 50	
0 20	100 ——— chlorure de strontiane pur.	0 45	0 45	
0 20	200 grammes azotate de strontiane.	0 25	0 25	
0 35	500 ——— chaux sodée.	1 50	1 50	
0 80	1 kilogramme chlorure de calcium desséché.	0 75	0 75	
0 20	100 grammes chlorure de calcium pur.	0 25	0 25	
//	1 kilogramme fluorure de calcium entier.	0 60	0 60	
//	1 kilogramme fluorure de calcium pulvérisé.	0 80	0 80	
0 25	250 grammes phosphate acide de chaux.	1 15	1 15	
//	500 grammes poudre d'os calcinés.	0 35	0 35	
0 15	3 grammes fil de magnésium	0 30	0 30	
0 15	5 grammes magnésium.	0 40	0 40	
0 35	100 grammes magnésie calcinée. . .	0 40	0 40	
//	500 ——— carbonate de magnésie (magnésie blanche).	0 75	0 75	

PRIX des FLACONS contenant les produits ci-contre.	DÉSIGNATION DES PRODUITS.	A.	B.	OBSERVATIONS.
fr. c.		fr. c.	fr. c.	
	Chimie minérale. (Suite.)			
0 20	100 grammes chlorure de magnésium cristallisé pur.........	0 60	0 60	
"	1 kilogramme sulfate de magnésie ordinaire...............	0 30	0 30	
"	1 lingot d'aluminium..........	5 00	5 00	
"	1 clef en aluminium...........	7 00	7 00	
"	1 livret aluminium en feuilles....	0 50	0 50	
"	1 cuiller bronze d'aluminium. ...	5 00	5 00	
"	500 grammes sulfate d'alumine épuré....................	0 30	0 30	
"	Échantillons de cristaux des divers aluns....................	5 00	5 00	
"	1 kilogramme alun de potasse....	0 40	0 40	
"	500 grammes alun de soude.....	1 25	1 25	
"	1 kilogramme alun d'ammoniaque.	0 75	0 75	
"	1 ——————— alun de Rome.....	1 50	1 50	
"	1 ——————— alun de chrome....	0 60	0 60	
0 20	100 grammes alun de fer.......	1 00	1 00	
0 20	100 ——————— outremer artificiel..	0 50	0 50	
0 15	5 grammes manganèse métallique.	7 50	7 50	
"	4 kilogrammes bioxyde de manganèse....................	2 80	2 80	
0 35	500 grammes chlorure de manganèse cristallisé.............	1 00	1 00	
0 35	500 grammes sulfate de manganèse cristallisé pur..........	3 00	3 00	
"	Échantillons de fonte blanche et fonte grise................	2 00	2 00	
"	500 grammes colcothar ordinaire..	0 35	0 35	
"	2 kilogrammes sulfure de fer artificiel.	2 40	2 40	
0 35	500 grammes perchlorure de fer cristallisé.	2 00	2 00	

PRIX des FLACONS contenant les produits ci-contre.	DÉSIGNATION DES PRODUITS.	A.	B.	OBSERVATIONS.
fr. c.		fr. c.	fr. c.	
	Chimie minérale. (Suite.)			
"	2 kilogrammes sulfate de fer (vitriol vert)................	0 40	0 40	
0 20	125 grammes bleu de Prusse.....	1 50	1 50	
"	1 kilogramme zinc en lames.......	1 25	1 25	
"	1 ———— oxyde de zinc (blanc de zinc)................	1 50	1 50	
"	Échantillons de couleurs à base de zinc...................	6 00	6 00	
0 20	100 grammes chlorure de zinc desséché pur	0 35	0 35	
"	1 kilogramme sulfate de zinc (vitriol blanc)................	0 40	0 40	
"	100 grammes cadmium en lingots.	2 50	2 50	
"	100 ———— nickel laminé et en cubes...................	1 20	1 20	
"	100 grammes maillechort laminé.	0 60	0 60	
0 20	100 ———— chlorure de nickel ordinaire.................	0 50	0 50	
0 15	100 grammes azotate de nickel cristallisé................	1 60	1 60	
0 30	10 grammes cobalt fondu pur....	2 50	2 50	
0 15	100 grammes chlorure de cobalt ordinaire................	1 40	1 40	
0 15	50 grammes azur (silicate de cobalt et de potasse)..........	0 30	0 30	
0 75	100 grammes acide chromique...	1 40	1 40	
0 20	100 ———— sesquioxyde de chrome vert................	2 00	2 00	
"	500 grammes étain en baguettes..	2 00	2 00	
"	500 ———— soudure à l'étain...	1 40	1 40	
"	200 ———— alliage fusible de Darcet..................	5 00	5 00	
0 20	250 grammes protochlorure d'étain cristallisé ordinaire.........	0 60	0 60	

PRIX des FLACONS contenant les produits ci-contre.	DÉSIGNATION DES PRODUITS.	A.	B.	OBSERVATIONS.
fr. c.		fr. c.	fr. c.	
	Chimie minérale. (Suite.)			
0 30	100 grammes bichlorure d'étain (liqueur de Libavius)........	1 00	1 00	
0 25	100 grammes bisulfure d'étain...	2 50	2 50	
"	200 ———— antimoine métal...	0 60	0 60	
"	500 ———— sulfure d'antimoine naturel.................	0 90	0 90	
0 75	100 grammes antimoniate de potasse (réactif Frémy)........	4 50	4 50	
0 75	100 grammes chlorure d'antimoine concret................	0 80	0 80	
"	1 kilogramme tournure de cuivre.	3 00	3 00	
"	Échantillons de laiton, métal des miroirs, métal des cloches, bronze.................	6 00	6 00	
0 25	500 grammes oxyde de cuivre grillé.	3 00	3 00	
0 25	500 ———— oxyde de cuivre de l'azotate.................	4 00	4 00	
0 20	100 grammes chlorure de cuivre cristallisé................	0 30	0 30	
0 20	100 grammes azotate de cuivre cristallisé................	0 25	0 25	
"	1 kilogramme sulfate de cuivre (vitriol bleu).............	0 80	0 80	
0 15	50 grammes arsénite de cuivre...	0 40	0 40	
"	2 kilogrammes de plomb pauvre en demi-balles...............	4 00	4 00	
"	500 grammes alliage de caractères d'imprimerie.............	1 50	1 50	
"	500 grammes litharge..........	0 40	0 40	
"	500 ———— massicot........	0 45	0 45	
"	500 ———— minium........	0 40	0 40	
0 20	100 ———— bioxyde de plomb (oxyde puce).............	1 20	1 20	
"	1 kilogramme céruse..........	0 90	0 90	

PRIX des FLACONS contenant les produits ci-contre.	DÉSIGNATION DES PRODUITS.	A.	B.	OBSERVATIONS.
fr. c.		fr. c.	fr. c.	
	Chimie minérale. (Suite.)			
0 25	5oo grammes azotate de plomb pur.	1 25	1 25	
"	Échantillons de couleurs à base de plomb.	6 00	6 00	
0 15	2 grammes chlorure de thallium..	1 40	1 40	
"	100 grammes bismuth.	2 50	2 50	
"	Échantillon de bismuth cristallisé.	10 00	10 00	
0 60	100 grammes azotate de bismuth cristallisé.	1 50	1 50	
0 20	100 grammes oxyde jaune de mercure.	1 20	1 20	
0 15	100 grammes oxyde rouge de mercure.	1 20	1 20	
0 15	100 grammes vermillon.	0 90	0 90	
0 15	100 ——— protochlorure de mercure.	1 20	1 20	
0 15	100 grammes bichlorure de mercure.	1 60	1 60	
0 15	5o grammes iodure de mercure...	1 75	1 75	
0 15	5o ——— cyanure de mercure..	1 30	1 30	
"	1 livret argent battu.	0 50	0 50	
0 15	25 grammes azotate d'argent cristallisé.	2 50	2 50	
0 15	25 grammes azotate d'argent fondu cylindres gris et blanc.	2 50	2 50	
"	1 livret feuilles d'or.	2 50	2 50	
0 15	2 grammes or en lames.	8 00	8 00	
0 30	5 ——— chlorure d'or.	10 75	10 75	
"	1 pierre de touche.	10 00	10 00	
"	1 touchau d'or.	30 00	30 00	
"	1 touchau d'argent.	20 00	20 00	
0 30	5 grammes chlorure de platine...	10 00	10 00	

PRIX des FLACONS contenant les produits ci-contre.	DÉSIGNATION DES PRODUITS.	A.	B.	OBSERVATIONS.
fr. c.		fr. c.	fr. c.	
	II. Chimie organique.			
0 40	5oo grammes de glucose........	0 45	0 45	
0 20	100 ———— sucre de lait......	0 50	0 50	
0 35	5oo ———— de dextrine.......	0 50	0 50	
0 15	5 grammes coton-poudre pour collodion..................	0 20	0 20	
	Gommes { arabique............	4 00	4 00	
1 20	du Sénégal..........	3 50	3 50	
	de pays, etc.........	4 00	4 00	
0 50	1 kilogramme d'alcool à 36 degrés.	5 75	5 75	
0 50	1 ———— d'alcool à 4o degrés.	6 50	6 50	
0 50	1 ———— d'esprit de bois pur à 36 degrés..............	2 50	2 50	
0 75	5oo grammes d'alcool amylique ..	1 00	.1 00	
0 60	25o ———— d'éther rectifié.....	1 25	1 25	
0 35	100 ———— d'éther acétique....	1 20	1 20	
0 45	2oo ———— d'acétone........	2 00	2 00	
0 30	100 ———— de chloroforme....	.1 00	1 00	
0 30	100 ———— d'aldéhyde........	6 00	6 00	
0 65	5oo ———— d'acide acétique cristallisable...............	3 25	3 25	
0 65	5oo grammes d'acide acétique ordinaire..................	1 50	1 50	
0 35	1oo grammes d'acide formique concentré.................	2 50	2 50	
0 30	5oo grammes d'acide tartrique ordinaire.................	2 00	2 00	
0 20	25o grammes d'acide citrique....	1 50	1 50	
0 30	25o ———— de noix de galle...	0 75	0 75	
0 35	125 ———— de tanin........	0 90	0 90	
0 30	5o ———— d'acide pyrogallique.	1 50	1 50	
0 10	1oo ———— d'émétique cristallisé	0 35	0 35	

PRIX des FLACONS contenant les produits ci-contre.	DÉSIGNATION DES PRODUITS.	A.	B.	OBSERVATIONS.
fr. c.		fr. c.	fr. c.	
	Chimie organique. (Suite.)			
0 15	200 grammes de bitartrate de potasse....................	0 05	0 65	
0 20	250 grammes de tartre brut.....	0 75	0 75	
0 20	200 ———— de tartrate de potasse et de soude (sel de Seignette).	0 50	0 50	
0 20	200 grammes d'oxalate d'ammoniaque ordinaire.	1 00	1 00	
0 10	50 grammes d'oxalate d'ammoniaque pur................	0 70	0 70	
0 50	1 kilogramme d'acide oxalique ordinaire....................	1 50	1 50	
0 30	500 grammes de sel d'oseille.....	0 80	0 80	
0 30	500 ———— d'acétate d'alumine ordinaire................	0 65	0 65	
0 35	500 grammes d'acétate de chaux..	2 00	2 00	
0 40	1 kilogramme d'acétate de soude cristallisé................	2 50	2 50	
0 35	500 grammes d'acétate de plomb (sel de Saturne)............	0 90	0 00	
0 20	200 grammes d'acétate de cuivre (verdet)..................	0 70	0 70	
0 10	10 grammes de butyrate de chaux.	0 40	0 40	
0 80	1 kilogramme d'acide stéarique ordinaire....................	2 50	2 50	
0 35	500 grammes d'acide oléique ordinaire.	0 90	0 90	
0 30	500 grammes de glycérine.	1 00	1 00	
"	200 ———— de cire blanche....	1 50	1 50	
0 30	200 ———— de blanc de baleine.	1 50	1 50	
1 50	Échantillons de savons..........	2 00	2 00	
0 60	1 kilogramme d'essence de térébenthine (ordinaire)........	1 50	1 50	
0 30	250 grammes de camphre du Japon.	1 15	1 15	

PRIX des FLACONS contenant les produits ci-contre.	DÉSIGNATION DES PRODUITS.	A.	B.	OBSERVATIONS.
fr. c.		fr. c.	fr. c.	
	Chimie organique. (Suite.)			
0 15	5o grammes de camphre de Bornéo.	0 25	0 25	
0 10	3o grammes d'essence d'amandes amères.	1 95	1 95	
0 25	2oo grammes de benjoin.	1 30	1 30	
0 20	5o grammes d'acide benzoique. . . .	0 75	0 75	
0 10	3o ———— d'essence d'anis.	1 80	1 80	
0 10	3o ———— d'essence de menthe.	6 00	6 00	
0 25	15 ———— d'essence de moutarde.	1 50	1 50	
"	5 grammes d'essence d'ail.	2 25	2 25	
"	5oo grammes de colophane.	0 30	0 30	
0 10	5o grammes de succin.	0 15	0 15	
0 15	1oo grammes de gomme laque. . .	0 80	0 80	
0 60	Térébenthine, baume de Canada, styrax, baume de Tolu.	4 00	4 00	
"	Caoutchouc en poires et en lames.	2 00	2 00	
"	Gutta-percha.	2 00	2 00	
0 10	5 grammes de quinine pure.	0 75	0 75	
0 10	5 ———— de morphine.	3 00	3 00	
0 15	1o grammes de sulfate de quinine.	1 50	1 50	
1 20	Échantillons de quinquina.	6 00	6 00	
0 30	2oo grammes d'indigo.	7 00	7 00	
0 15	1oo ———— d'orseille sèche. . . .	0 30	0 30	
0 15	2oo ———— de tournesol en pain.	0 55	0 55	
0 10	5o grammes de cochenille.	0 50	0 50	
0 20	2oo grammes de garance.	0 60	0 60	
2 80	Échantillons de bois du Brésil, de Pernambouc, de fleurs de carthame, de gaude, de rocou, de quercitron et de bois jaune. . .	5 00	5 00	

PRIX des FLACONS contenant les produits ci-contre.	DÉSIGNATION DES PRODUITS.	A.	B.	OBSERVATIONS.
fr. c.		fr. c.	fr. c.	
	Chimie organique. (Suite.)			
0 40	200 grammes de bois de Campêche.	0 20	0 20	
0 40	1 kilogramme d'acide pyroligneux brut....................	1 00	1 00	
0 60	500 grammes de naphtaline brute.	0 30	0 30	
0 40	500 ——— de paraffine pure...	1 50	1 50	
0 75	100 ——— d'acide phénique cristallisé................	0 35	0 35	
0 40	1 litre de benzine ordinaire......	2 00	2 00	
0 45	200 grammes de nitrobenzine....	0 60	0 60	
0 45	200 ——— d'aniline rectifiée..	1 00	1 00	
0.35	100 ——— de toluène........	0 80	0 80	
0 35	100 ——— de toluidine......	1 20	1 20	
0 10	20 grammes de fuschine........	0 50	0 50	
1 20	Autres couleurs d'aniline, échantillons....................	10 00	10 00	
0 15	10 grammes d'urée............	0 40	0 40	
0 15	50 ——— d'acide urique (excrément de boa).............	1 50	1 50	
0 15	Échantillons de guano..........	0 20	0 20	
0 40	Colle de poisson..............	2 00	2 00	
0 40	Gélatine....................	2 00	2 00	
0 20	200 grammes de vaseline.......	0 60	0 60	
0 30	100 ——— d'anthracène......	1 50	1 50	
0 10	50 grammes d'anthra-quinone....	2 00	2 00	
0 25	Alizarine (échantillon).........	3 50	3 50	
0 10	1 gramme de vanilline.........	0 25	0 25	
0 75	100 grammes d'hydrate de chloral.	1 00	1 00	
0 75	100 ——— de chloral........	1 80	1 80	
0 50	Échantillons d'acide phtalique, résorcine, fluorescéine, éosine, rose de naphtaline.........	10 00	10 00	

III. ATELIER.

DÉSIGNATION DES OBJETS.	A.	B.	OBSERVATIONS.
	fr. c.	fr. c.	
Un tour à fileter, de 0ᵐ 160 de hauteur de centre, avec contre-pointe à vis de rappel, support à main, mandrin queue de cochon, mandrin toc, une paire de pointes, manchons et leurs peignes, boulons pour le tout....................	155 00	ʺ	
Un banc de tour en hêtre, de 1ᵐ 65 de longueur, boulonné, avec son volant en fonte, de 0ᵐ 70, monté sur traverse, corde et crochets, et le tour fixé.............	100 00	ʺ	
Un mandrin porte-mèche avec six mèches à cuiller, 2, 5, 7, 9, 11, 14ᵐᵐ ajustées....................	12 00	ʺ	
Un mandrin à coussinets, monté sur buis...	17 00	ʺ	
Deux mandrins à gobelet, montés sur buis..	14 00	ʺ	
Un compas maître de danse.............	3 25	ʺ	
Douze paires peignes de tour, en plus des deux paires comprises dans le tour.....	4 00	ʺ	
Une meule de 0ᵐ 40 montée sur auge en fonte, marchant au pied.............	18 00	ʺ	
Un établi de menuisier, de 1ᵐ 50, avec valet et maillet....................	35 00	ʺ	
Un étau à pied tournant, à rotule, de 23 kilogrammes......................	34 00	ʺ	
Une paire de mordaches en cuivre........	2 25	ʺ	
Une scie allemande, de 0ᵐ 80, monture en charme.....................	4 75	ʺ	
Une scie à tenons, de 0ᵐ 80, monture en charme.....................	3 25	ʺ	
Une scie à araser, de 0ᵐ 55, monture en charme.....................	2 50	ʺ	
Une scie à chantourner, de 0ᵐ 60, monture en charme......................	2 75	ʺ	
Cinq ciseaux, de 15, 20, 28, 35 et 40ᵐᵐ, emmanchés...................	5 25	ʺ	
Un rabot en cormier, contre-fer à vis longue.	4 50	ʺ	

DÉSIGNATION DES OBJETS.	A.	B.	OBSERVATIONS.
	fr. c.	fr. c.	
Une paire d'affûtage en cormier, contre-fer à vis longue.	15 00	//	
Un guillaume en cormier.	2 25	//	
Trois bouvets en cormier, de 14, 20, 27ᵐᵐ.	18 00	//	
Un marteau emmanché, de 0ᵐ 028.	1 60	//	
Un ciseau à froid.	0 00	//	
Un étau à main, de 0ᵐ 14.	5 00	//	
Une forge portative, de 0ᵐ 25, double vent, chauffant 0ᵐ 05, avec hotte.	98 00	//	
Une enclume de 50 kilogrammes, montée sur un billot.	80 00	//	
Un marteau à main, de 2 kilogrammes, emmanché.	5 00	//	
Quatre pinces de forge.	10 00	//	
Un fer à souder, en cuivre rouge, de 750 grammes.	2 75	//	
Un fer à souder, en cuivre rouge, de 900 grammes.	3 50	//	
Un fer à souder, en cuivre rouge, de 1 kilogramme.	4 00	//	
Une scie à métaux, montée.	8 00	//	
Une clef anglaise double, de 0ᵐ 27.	7 25	//	
Une pince à gaz.	3 00	//	
Un vilebrequin.	2 40	//	
Un assortiment de mèches à cuiller, de 2 à 14ᵐᵐ.	1 90	//	
Un chasse-pointes.	0 50	//	
Un équarrissoir à 5 pans.	1 00	//	
Une lime plate, avec manche.	2 15	//	
Une lime demi-ronde, avec manche.	2 25	//	
Une lime à main, bâtarde, 200ᵐᵐ, avec manche.	1 00	//	
Une lime demi-ronde, bâtarde, 200ᵐᵐ, avec manche.	0 90	//	

DÉSIGNATION DES OBJETS.	A.	B.	OBSERVATIONS.
	fr. c.	fr. c.	
Une lime demi-ronde, demi-douce, 125mm..	0 55	"	
Une lime ronde, bâtarde, 175mm..........	0 70	"	
Une pince plate, polie, 150mm............	1 10	"	
Une pince ronde, 150mm.................	1 10	"	
Une pince coupante, 150mm.............	2 50	"	
Une pierre du Levant, montée...........	6 00	"	
Une râpe plate à main, de 250mm........	1 25	"	
Une râpe demi-ronde...................	1 10	"	
Une râpe ronde, de 225mm.............	0 85	"	
Une cisaille.........................	5 50	"	
Un pointeau.........................	1 25	"	
Une équerre en cormier..............	1 25	"	

Paris, le 15 mars 1900.

Les Membres de la Commission,

LAVIÉVILLE, DYBOWSKI, SEIGNETTE.

TABLE.

I. LISTE DES APPAREILS

pour l'enseignement de l'*Arithmétique*, de la *Géométrie*,
de la *Cosmographie*, de la *Mécanique*, de la *Physique* et de la *Chimie*.

II. PRODUITS CHIMIQUES.

III. ATELIER.

Documents manquants (pages, cahiers...)
NF Z 43-120-13

www.ingramcontent.com/pod-product-compliance
Lightning Source LLC
LaVergne TN
LVHW050106060726
842524LV00003B/954